Cuentos para dormir renacuajos

Y otros relatos del bosque Fles

Gonzalo López Cerrolaza

Depósito Legal: TO-638-2013
ISBN: 978-84-616-6671-3

Gonzalo López Cerrolaza. 2013 1ª edición
Impreso en España

A las ardillas.

Índice

Prólogo

Un libro ideal para ilusionarse; las pequeñas fierecillas intentarán que la lectura no se acabe con un solo cuento, sino que la narración continúe sin descanso hasta que el tiempo pase con el disfrute de sus ojos saltones, las risas y preguntas de "¿por qué…?".

Las historias del bosque Fles y los cuentos que en este libro aparecen mantendrán a los niños pendientes hasta el final, historias con personajes fuera de lo normal con un toque humanizado que hacen que te sientas identificado con algún personaje, eso es lo que hace fantástico este mundo de fábulas.

Seguro que el lector disfrutará tanto como yo lo he hecho cada noche contándoselo a mis hijos y será para los suyos un momento inolvidable.

Bon Appetit, Truco; **Rafael Morón Villaluenga**

1. El lector renacuajo

Él no me exige el tema del cuento, ni que el protagonista se llame como él; tan sólo quiere ser lector de oídas. Él no desea que al final se casen la dama y el caballero, ni que el malo muera o sea encarcelado entre paredes ahuesadas de noventa gramos; tan sólo necesita colorear un poco el cielo cuando está nublado. Él no sabe ni quiere saber de grandes entramados de sorpresas, de redes tejidas por mil arañas ni de problemas eternos que, al sumar cien, se resuelven en las páginas finales; tan sólo necesita mirar mis ojos para sentirse seguro bajo la manta, oír las caricias mágicas del bosque para cerrar sus ojitos. Y, lo más importante, él no necesita que mi historia termine, pues le basta con pasar cinco minutos leyendo mis labios, para bajar sus párpados soñando con un lobo que habla, un duende que salta o un hada que sonríe, sabiendo, además, que mañana volveré para contarle otro cuento para que se duerma.

2. El cuento-guepardo

Un escrito ágil, niños, debe ser veloz en sus palabras y a la vez en sus expresiones; los puntos y aparte sobran en los escritos que pretenden ser rápidos, podríamos llamarlos "cuentos-guepardo" y cualquiera nos entendería y, quizás, nos aplaudiría, aunque es posible que se asfixiara, porque los textos sin paradas de bus ni estaciones de metro no dan pie al paso del caminante observador ni al zapato de andar por casa, no, hay que calzarse unas deportivas y correr correr correr por la imaginación y la bolsa de los cuentos, que es mágica, niños, porque es una bolsa, y real, porque contiene cuentos. Los cuentos que yo os cuento no los recuento ni los peso, pero si me dais un peso por ellos, me los estáis pagando bien, aunque no demasiado. Podría hablaros de un bosque, un bosque lleno de magia, con ríos de vino y árboles azulones. Podría silbar a la Luna, pero no me oiría; podría fumarme la espalda de mi amada, pero sabéis que vivo de ella; podría asesinar caricias, cabellos y tentáculos de calamar sin tinta, que, si tuviese tinta, luego habría que hacer aparecer una lavadora en la historia que limpiase la mancha y, claro, un aparato con forma de cubo y más blanco que la leche no pega demasiado en un relato de bosque encantado. Mejor iremos a la tienda del lado oeste del bosque Fles, que así se llama nuestro bosque de cuento, y nos compramos otra camisa blanca o, mejor, color crema. En el bosque Fles vive Jimena, la muchacha de los pies descalzos. Jimena se pasa los días y las noches bailando con los ojos cerrados. También vive allí Liandro, el pastorcillo perezoso. ¿Oís, niños? El bosque Fles está llorando, se siente triste porque Jimena tiene la cabeza llena de chichones de los golpazos que se arrea contra los árboles; se siente triste, además, por las ovejitas degolladas: Liandro las asesinó para no tener que ir a trabajar, el muy gandul. Sin embargo, en el bosque Fles también hay un rinconcito para el amor, pero ese rincón está vacío. ¿Oís, niños? El bosque Fles se está quemando. Se va a convertir en un bosque del horror, todo negro y con olor a chamusquina. En fin, quizás ahora construyan urbanizaciones y podamos vivir felices en la ciudad Fles y zamparnos las perdices y las ardillitas que capturamos mientras huían del fuego.

FIN

- ¿Ya se han dormido?

- Del todo, ya andarán por el séptimo cielo.

- ¿Qué les has contado hoy?

- El "cuento-guepardo" del bosque Fles.

- De verdad, Gonzalo, que estos hijos nuestros son un poco extraños.

- Ya te digo, con Caperucita y Los tres cerditos no había manera, oye.

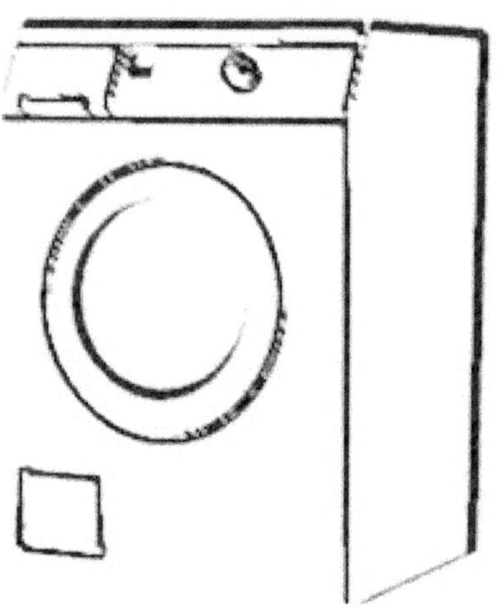

3. Porque ¡no!

Por más que lo intentaba, Ramón no conseguía dejar de negarlo todo. Su dificultad para afirmar le había acarreado a lo largo de su vida muchos problemas. Dejó su trabajo en la tienda debido a unas vacaciones indefinidas que su jefe, el señor Juárez, le había concedido tras ver cómo se negaba a vender una corbata a un hombrecillo con bigote - lo cierto es que el hombrecillo era calificado así por su diminuta estatura y casi se pisaba la corbata, pero una venta era una venta, pensaba el señor Juárez -; su prometida le soltó un par de bofetadas tras escuchar su negación a casarse en el altar, delante de toda la familia y con una tarta de seis pisos encargada especialmente para la nunca consumada celebración; incluso, una vez, el bosque Fles se había quemado con todas sus ardillas dentro debido a la negativa de Ramón de avisar a los bomberos. Ramón rimaba con negación, no podía evitarlo, la consonancia era insalvable.

Los noes eran tan sonoros, tan maduros y a la vez con esa mueca de juego infantil tan mágica, que Ramón estaba atrapado en un mar de noes y más noes. "No quiero, no quieres, no quiere", "no voy si no vienes y no vengas que no iré", "no chilles que no quiero ningún bocata de *nocilla*". los noes eran una plaga, Ramón estaba atado de pies y lengua.

Fue una mañana de enero, fría como las mañanas de diciembre, que se le apareció un SÍ en la punta de la lengua. Ramón estaba absorto, no podía creérselo; vio el SÍ tan afirmativo, tan otorgante, tan convencido de dejar pasar el aire por las ventanas de su alma cerrada a cal y canto, que por poco se desmaya del asco. Escupió, claro, y rápidamente giró la cabeza de derecha a izquierda y de izquierda a derecha. No salió el sí de su boca, había asesinado la única oportunidad que se le presentó en la vida de dejar de rechazar todo y a todos. "¿Te parece bonito?", le preguntó enfadada su mamá. "Por supuesto que no", le contestó Ramón, y se quedó tan pancho.

- ¿Y ya está?

- Ya está, ahora a dormir, que mañana será mañana.

- Pero, papi, ¿entonces Ramón nunca aprendió a decir que sí? ¿Seguro que no apareció un duende con orejas muy puntiagudas que dio una palmada (¡PLAS!) y logró que Ramón dejase los noes aparcados en un rincón?

- Mmm... déjame pensar... A veces los cuentos no terminan como uno quiere. Además, los duendes con orejas muy puntiagudas no dan palmadas.

4. O tal vez sólo anocheció

El lago cerró sus párpados para dejar de reflejar el azul del cielo; estaba cansado de no mostrar el color de sus ojos. Los peces no comprendieron que se apagasen las luces y saltaron a la orilla para morir en la tierra. El pescador quedó rodeado de pescado, pero triste al fin por no darle uso a su amada caña. Los únicos que salieron ganando fueron los gusanos, a quienes el pescador dejó libres y marcharon con su lento caminar a ras del suelo hacia un bosque estrellado, el bosque Fles.

5. Marinela, la cervatilla saltarina

A Marinela, la cervatilla saltarina, le entusiasmaba saltar. Saltaba arbustos, saltaba piedras, saltaba charcos, incluso, se saltaba las clases de Conocimiento del Medio. Y así le fue, que no conocía el medio: no sabía lo que era un río, una cordillera ni un gato montés; ella sólo sabía saltar, saltar y saltar. Marinela era una cervatilla esbelta, de piel dorada con un collar blanco de terciopelo alrededor del cuello y, como hacía tanto ejercicio, sus patas traseras eran fuertes y fibrosas, sin perder nunca esa delicadeza que la convertía en la cervatilla más hermosa de todo el bosque Fles. Al verla, los pájaros carpinteros dejaban de trabajar para silbarle y echarle piropos; los enanitos salían de la mina un cuarto de hora antes porque sabían que así se cruzarían con ella de camino a casa, los enanitos también silbaban y gritaban improperios a Marinela, todos excepto mudito, aunque su cara babeante valía más que mil palabras; y hasta Caperucita una mañana que se encontró con la cervatilla quedó tan prendada de su belleza que olvidó a dónde se dirigía con una cesta llena de dulces y silbando una canción que la hacía parecer la tonta del bote. Así era Marinela, la más molona del lugar. Se cuenta incluso que los duendes con orejas muy muy puntiagudas aplaudían al verla saltar, aunque yo no me lo creo.

Pasaban los días y Marinela seguía saltando sin parar, tan bobalicona ella, y los demás animalitos del bosque seguían perdiendo los ojos al verla, hasta que llegó un momento en que Pepa, la señora comadreja, que era ladina como una comadreja, no pudo aguantar más que su marido y sus amantes mirasen como lo hacían a Marinela y trazó un plan malvado. Lo trazó en el suelo, con las patitas delanteras, y creedme, niños, si os digo que ese plan malvado era el plan más horrible que nadie en el bosque Fles pudo pensar jamás de los jamases ni nunca de los *nuncases*; el problema fue que una ráfaga de viento se llevó la arena por los aires y el plan trazado en el suelo desapareció sin dejar rastro. Entonces Pepa la comadreja decidió contratar un asesino a sueldo. Salió encapuchada y sigilosa en la noche y llegó a la taberna del Cuervo, allí vio a Tobías, el gato montés, y le invitó a unos güisquis. Entre vaso y vaso le contó el asunto y su más oscuro deseo, a lo que Tobías, el gato montés, dijo: "¡Marramamiaumiaumiau!", se levantó tambaleándose (se habían pimplado casi dos botellas de güisqui) y salió al bosque decidido a cumplir el encargo de la comadreja.

Marinela, tan ingenua siempre, se encontraba saltando y saltando para vacilar delante de un par de oseznos adolescentes que la miraban absortos con granos en la cara. Nada hacía prever lo que ocurriría en aquella noche estrellada... ¡De pronto, se escuchó un rugido! (¡gggrrrmiau!), era Tobías, y sus dientes no dibujaban una sonrisa, sino ¡la muerte! (¡gggrrrmiau!); pero Marinela la tonta, digo... la cervatilla saltarina, que no había aprendido en las clases de *Cono* lo que era un gato montés, pensó que el gruñido sólo era uno de tantos piropos que estaba acostumbrada a oír y siguió saltando y saltando. Tobías se puso en posición de ataque mortal... sin embargo, cuando el asesinato era inminente... se detuvo. "¡Qué buena que está la cierva! – pensó - ¡me he *enamorao*!". Y sus dientes agresivos fueron, en un instante, tornándose en esa sonrisa que apacigua las marabuntas y duerme el vuelo de un águila, porque es una sonrisa de Cupido y huele a fresas con chocolate y tiene el tacto de la seda oriental... Esos segundos fueron mágicos, los saltos de Marinela eran saltos en las nubes, los ojos de Tobías juraban amor eterno, los arbustos tenían color de rosa y los charcos eran ahora fuentes que rozaban la copa del árbol más alto. Y Marinela seguía saltando y saltando... Y Tobías notaba que el amor estaba en el aire y escuchaba a los Beatles como banda sonora de la que sería, a partir de ahora, su nueva vida de enamorado... Entonces apareció Gispi, el papá oso, que iba en busca de sus dos oseznos adolescentes, y al ver la estampa, soltó un rugido y se zampó de un sólo bocado a Tobías y a Marinela. Eructó, se limpió la sangre de la barbilla, dio media vuelta y mandó sus hijos a dormir. **FIN**

Exactamente igual que ahora vosotros tenéis que dormiros, ¿vale?

6. Duendes de orejas muy puntiagudas

Siempre quiso ser actor. Ante las continuas negativas de su padre, Jacobo respondía con un recital, unos pasos, una canción, una carcajada o un llanto majestuosos, mil veces ensayados, dignos del propio Jack Nicholson, salvando las distancias, claro. Ante la imposición de su madre de estudiar Derecho, Jacobo accedió, no le quedaba más remedio, sin embargo, pasó sus años de carrera fuera de las aulas de leyes, en la casa de Teatro del bosque Fles. La casa de Teatro era la madriguera de Teatro, el mejor profesor de Arte dramático del mundo, y parte del extranjero. Enseñó a Jacobo todo lo que un actor debe saber, y en muy poco tiempo. Jacobo vivía sus actuaciones, no en vano, sus abuelos habían pasado la vida haciendo teatro, Abuelo Joc representó al Jorobado de Notre Dame por toda la geografía europea; Abuela Lina fue el hada madrina de Cenicienta y la madrastra de Blancanieves en las pelis de Disney. Años más tarde, a Abuelo Joc le ofrecieron hacer el papel de Shrek, pero se negó rotundamente, ya que no cambiaba su prejubilación por nada. Jacobo, el menor de siete duendes de orejas muy puntiagudas, había nacido para el teatro, lo supo desde que tuvo por vez primera uso de razón, a los diecisiete años - ya sabéis que los duendes de orejas muy puntiagudas tardan en desarrollar su madurez (y su tamaño), como las ardillas.

Siempre quiso ser actor. Ante las continuas negativas e imposiciones de sus padres, y las risas jocosas de sus seis hermanos, Jacobo respondía que amaba actuar, meterse en la piel de un ladrón de guante blanco, un amante de amores imposibles o un mendigo con estrella; les decía que él quería vivir cien mil vidas diferentes, pero, sobre todo, quería escuchar los aplausos del público. Anhelaba el reconocimiento de su gran puesta en escena, de su forma de recitar según el sentimiento que el guión expresase, hacer sentir al público que lo que veían era totalmente real y, a la vez, mágico.

Siempre quiso ser actor. Al final sus padres desistieron y decidieron apoyarle, a ver si así les iba mejor como padres; Jacobo apuntaba maneras, nada más salir a escena, durante su primera actuación teatral para el gran público, todos lo vieron, tenía un no sé qué... un aura, una llama que no quemaba, pero daba calor. Su actuación fue increíble, emocionante, real y, a la vez, mágica. Ya en los camerinos, tras la bajada del telón, Jacobo decidió no volver nunca jamás a actuar y estudiar la carrera de Derecho.

FIN

- ¿Por qué hizo eso?, ¿por qué no quiso volver a actuar?

- Sí, papi, ¿por qué?, ¿es que no le gusto al público la actuación?

- Claro que les gustó, fue lo mejor de la obra, pero nadie aplaudió. Ya os he dicho que Jacobo era un duende de orejas muy puntiagudas. Pues bien, el público, en su mayoría, también eran duendes de orejas muy puntiagudas, y los duendes de orejas muy puntiagudas no saben dar palmadas.

7. De ahí su apodo

El Saliva vivía en un árbol hueco del bosque Fles. Toda su vida fue un viajero errante, viajó de un sitio para otro sin echar raíces; había aprendido mil idiomas y conocía el sabor de las frutas de cualquier árbol; sin embargo, no fue hasta que llegó al bosque Fles cuando supo del verdadero amor, no de ese cosquilleo que sienten los adolescentes al agarrarse por la cintura en el baile de fin de curso, sino aquel amor que atraviesa las montañas como un túnel y serpentea los mares como un tiburón, aquel amor que no marchitan las rosas ni se distrae en el olvido cuando las cosas no marchan bien. El Saliva había conocido en el bosque Fles a Diadema, la ardilla más bonita que nadie pudo jamás contemplar, tenía los ojos de avellana, la boca de piñón y la voz de las Suprems. Se casaron en octubre ante la alegría de todos los animalitos del bosque

Fles; habrían preferido casarse en primavera, pero la lechuza, el juez Bernardito, no pudo darles otra fecha para la celebración. Con todo, fue un día mágico para el Saliva y Diadema, fueron dos amantes eternos y roedores incansables hasta que la muerte los separó. Por desgracia, Diadema no supo salir de un círculo de fuego que se creó durante uno de los innumerables incendios que sufrió el bosque Fles. El Saliva, por su parte, no podía dejar de ser una ardilla y, como bien sabéis, las ardillas no son unos animales que se distingan por su inteligencia ni por su valor, más bien son bobas y *cobardicas*, así que El Saliva corrió y corrió sin parar al oler el humo desde su cama y no se dio cuenta de que dejaba a Diadema dormida, pues no se acordó de despertarla para avisarla del fuego; dormida y sin posibilidad de escape.

El entierro no fue por la calle del Pescado, porque el bosque Fles no tiene calles, sólo caminitos como el de Caperucita. Fue muy triste. El Saliva no paraba de llorar añorando esos días de azúcar que había vivido junto a su amada; las demás ardillitas y el resto de animalitos y bichos del bosque también lloraban echando de menos esos ojos avellana, esa boquita piñón y esa voz a lo *Suprem*. Todos lloraban. Todos excepto Diadema, que estaba muerta, y los muertos no lloran.

El Saliva vivía en un árbol hueco del bosque Fles. Toda su vida fue un viajero errante persiguiendo una estrella, hasta que la encontró, sintió su calor y vio cómo se apagaba. Desde entonces, nuestro amigo ardilla se dedica a escupir (¡puaj, puaj y más puaj!) desde su árbol a todo el que se mueve, de ahí su apodo.

- ¡Bieeennn, bieeennn! Jajajá, ¡qué bueno! ¿Nos lo cuentas otra vez?

- No, ya es tarde, pero si os dormís ahora mismo, mañana os cuento el cuento de Bor el meón.
- Zzz, zzz, zzz…

8. Malditas ardillas

- ¿Queréis ir al pinar a dar un paseo?

- ¡Sí, papá, siiiiiiiiiiiiiiiiiiií! ¡Vamos de excursión, vamos de excursión! ¡Bien!

En cuanto me ven coger las correas, mis perros se ponen como locos, Jano corre de una puerta a otra mientras Truco salta sin parar. Les abro el maletero, suben de un brinco y se sientan esperando a que cierre la puerta. Nos ponemos en marcha. No dicen nada hasta que ven la carretera; sí, ya saben a dónde van. Y entonces comienzan a contarme sus planes:

- Vamos a *cazag* duendes – Truco es de Sevilla, y ya sabéis que en Francia no pronuncian bien las *egues*, digo, las erres.

- No, conejos, que son los caballos de los duendes.

- Que no, *iguemos diguectamente* a *pog* los duendes, que son idiotas.

- Eso, y amigos de las ardillas.

- ¡Puaj! Malditas *agdillas.*

- Habrá que capturarlos vivos.

- No sé si *podgé*, ya sabes que soy un asesino nato cuando de duendes y *agdillas* se *tgata.*

- Hay que intentarlo, los duendes son los únicos que saben cómo activar la "bombomba".

- ¿La "bombomba"?

- Sí, la "bombomba", ya sabes, la bomba de chocolate envenenado que acabaría con las putas ardillas.

- ¡Menudas putas!

- ¡Truco y Jano, no seáis tan malhablados!

- Perdona, papá.

- Cuentan que el rey de los duendes guarda la llave de la "bombomba" en un cofre bajo llave.

- ¿Quiénes lo cuentan?

- Si te lo dijese tendría que matarte.

- Ggggggg (gruñido de *Tguco*, digo, Truco).

- No me gruñas, sabes que lo haría sin contemplaciones.

- Pues no me contemples, *peguito faldego*; y ¿cómo *conseguiguemos* esa llave?

- Hay que pillar a todos los conejos que veamos, al hacerlo desmontaremos a los duendes y, una vez en el suelo, no escaparán. Cuando tengamos a cinco o seis duendes en nuestras fauces, tú te comes a dos mientras yo interrogo a los demás.

- ¡Noooo! ¡Yo quiero *integogar*!, ¡yo quiero *integogar*!

- Me gustaría dejarte, hermano Truco, pero ya sabes que cuando interrogas a los duendes, les da la risa.

- Hum, eso es *ciegto*, *¿pog* qué *segá*?

- No tengo ni idea (Jano es un buen hermano y nunca se ríe de la pronunciación de Truco), seguro que las ardillas cuentan chistes sobre ti en el bosque.

- ¡Menudas putas!, ¡putas y menudas!

- ¡Truco!

- Que sí, papá, que sí...

- Hagamos inventario.

- Hagamos.

- ¿Mochila?

- *Pgepagada.*

- ¿Linterna?

- No *hagá* falta, es de día.

- ¿Bate de beisbol con clavos?

- *Pgepagado*, y con los clavos oxidados.

- ¿Emanems?

- En mi *tgipa*, me los he zampado.

- Maldito zampabollos...

- Calla, *mesentegio*, que *egues* un *mesentegio.*

- No me insultes con palabras raras que le has oído al *papa*, que ni sabes lo que significan.

- Tú sí que no sabes nada, que te meas en *cualquieg ágbol* sin *sabeg* si es un pino o un álamo.

- Grrrr (gruñido de Jano).

- *Mesentegio...*

- Sigamos con el inventario.

- Hagamos... digo, sigamos.

- ¿Lanzallamas?

- *Quegás decig mechego.*

- Ok, ¿mechero?

- *Pgepagado.*

- ¡Cuerdas para entrar desde el tejado?

- *Pgepagadas*, aunque en el *pinag* no hay tejados.

- Bien, creo que está todo.

- Bien, choquemos las pezuñas.

¡Plam! (choque de pezuñas)

- ¡Ah! Se me olvidaba, hemos de sincronizar los relojes.

- ¿Sabes *leeg* la *hoga*? ¡Qué can más listo!

- Quiero decir que debemos actuar al mismo tiempo, cuando estemos en el pinar, tenemos que ir al unísono a olfatear las madrigueras para hacer salir a los conejos.

- Y, con ellos, a los duendes.

- Exacto. No debes despistarte con gatos ni con perras.

- ¿Dónde, dónde?

- ¡Que no te despistes!

- ¡Ah! Vale. *Miga,* viene *detgás nuestgo* un *motoguista*, ¡vamos a *ladgagle*!

- (al motorista)¡Guau, guau, guuf, guauf!

- ¡Disidente!

- ¡Mameluco!

- ¡Dosrruedas, cabrón!

- ¡Jano y Truco, basta ya!

- Perdona, papá, es que nos emocionamos.

- Bien, Jano, y ¿qué *haguemos* cuando tengamos al *gey*?

- ¿Al gay?, ¿a qué gay?

- No, con *egue*, al *gey* de los duendes.

- ¡Ah! Pues sacarle la información a porrazos.

- ¿Qué *infogmación*?

- Pues el sitio donde guarda la llave que abre el cofre donde está la llave de la "bombomba".

- ¡Qué lío de llaves!

- Ya ves.

- Bueno, pues ya estamos llegando, ¿tú estás *pgepagado*?, porque yo ya llevo un *gato pgepagado*.

- Sí, estoy *pgepagado*, digo, preparado.

- Chachi, *acabaguemos* con los duendes y con las malditas *agdillas*.

- Ya te digo... ¡espera!, ¡nos estamos pasando!

- ¡El *pinag*!, ¡Papá, te has pasado el *pinar*!

- Noooooooooo, nos ha vuelto a engañar.

- Noooooooooo, otra vez al veterinario noooooo.

9. Nico, el gato montés misino

Corría, corría y no paraba de correr; también saltaba de vez en cuando, de cuando en vez; y escalaba cuando encontraba montañas; y rodeaba los lagos, pues no sabía nadar.

Le llamaban Nico y no medía más de setenta centímetros. Nico era un gato montés ágil y veloz. Le gustaba la velocidad y soñar que ganaba un gran premio de Fórmula 1. Con casco verde, a lomos de un Ferrari él se pondría un casco verde. Nico corría y corría.

Se torció una pata contra una piedra que no había visto en su carrera y tuvo que frenar; unas ardillas contemplaron la escena riéndose y Nico se las comió de un bocado, ¡ÑAM!, por bobas.

De vez en cuando saltaba en los campos de amapolas, parecía Heidi, tan contento cuando estaba tan arriba en el salto.

Dormía arropado por las estrellas - que ya sabéis que dan calor a los peques que se han portado bien durante el día - y soñaba que subía a un autobús escolar con su mochila llena de libros de Historia, de *Mates* y de *Cono* y se sentaba al lado de la gata montesa más bonita del mundo, Luna, que tenía un lunar en el hocico y un lazo azul en la cola. Y en el recreo compartían el zumo de piña.

Corría, corría y corría mirando cazador al horizonte. Olía a kilómetros el cocido con hueso de jamón de pata negra que preparaban Laura y Borja para Manuela y Pablo, grandes amigos de Nico; y se le hacía la boca agua.

Algunas tardes, le sentaba mal el almuerzo y se tiraba pedos. Olían mal, muy mal, olían a pedo de gato montés. ¡Uf!

Algunas mañanas le daba pereza levantarse y se quedaba acurrucado pidiendo un ratito más a su mamá.

Y algunas noches soñaba que un dragón amarillo salía del tronco de su árbol y juntos cantaban canciones alrededor de una hoguera.

En verano Nico se iba corriendo hasta la Puebla de Montalbán a visitar a sus amigos Dani, Alberto y David que se bañaban en la piscina y le salpicaban. Nico, que los quería mucho, dejaba que le mojasen, pero no se bañaba con ellos, ¿por qué?, claro, porque no sabía nadar. Luego los peques se secaban y los cuatro jugaban con la pelota toda la tarde hasta que mamá Gema sacaba del horno unas galletas con miel que estaban riquísimas. Y al caer la noche, papá Rafa le hacía una camita improvisada en una esquina para que descansase vigilando el sueño de los niños.

En otoño Nico se iba corriendo hasta casa de Aurora y Laura y juntos veían… creo que un documental sobre las amortizaciones de Mendizábal… ¿NO? ¡Ah, no! Veían una peli de Ariel y el cangrejo Sebastián y se reían mucho, porque caminaba al revés, como era un cangrejo... Luego mamá Ali, que para Nico era casi su tía, sacaba ganchitos y la mejor empanada casera del mundo mundial y cenaban todos juntos, mientras, papá Rodri enseñaba a Nico a montar en moto, en moto de juguete, claro.

En invierno Nico se iba corriendo hasta casa de Candela y jugaban a la zapatilla por detrás mientras escuchaban una canción *heavy* que hablaba de los columpios y de construir castillos de arena en la playa.

Luego mamá Ángela y papá César los montaban en el coche y se iban al pinar a merendar unos bocatas vegetales; Nico los prefería cuando llevaban unas lonchas de pavo, pero tampoco le importaba demasiado, porque esos bocatas vegetales, con mucha lechuga y aceitunas, estaban deliciosos. Tras la merienda, Candela se subía de un salto encima del gato montés y se iban corriendo a los columpios. Y por la noche, César llevaba a Nico derrotado por tanto juego al bosque Fles, y le dejaba debajo de su árbol preferido descansando y soñando que subía a un autobús escolar y se sentaba al lado de Luna, la gatita montesa más bonita del mundo, con un lunar en el hocico y un lazo azul en la cola.

En la primavera, una semana al año, Nico se ponía malito: le salían granos por todo el cuerpo que picaban mucho mucho; entonces Sofía le dejaba dormir en el sofá, junto a Jano y Truco, que le cuidaban como a un hermano; aunque como Jano y Truco eran un par de perros grandotes, a veces les entraban ganas de comerse al gato montés, pero Sofía no les dejaba y ellos obedecían; los perros lamían las heridas de Nico y en pocos días, Nico estaba otra vez corriendo y corriendo, escalando montañas y bordeando lagos, porque no sabía nadar. Lo único que no le gustaba a Sofía de los días que pasaba Nico en su casa era que siempre se hacía una caca bien grande al lado de los rosales y, claro, quedaba muy feo y maloliente. Pero luego Nico, después de echar la cacota, le ayudaba a planchar la ropa, y ella le perdonaba y le hacía unas caricias.

Una vez, Nico decidió no correr tanto y se montó en el maletero de un autobús de violinistas que iba recorriendo Europa. Cuando alguien abría el maletero para robar los violines, Nico pegaba un buen gruñido y los ladronzuelos huían espantados. Así que Archi, que así se llamaba el director del grupo de violinistas, dejó que el pequeño polizón viajase con ellos y le daba gominolas después de cada actuación.

Cuando regresó de su viaje por Europa, Nico se recorrió las casas de todos sus amigos, incluida Naná, que le leía cuentos, para enseñarles las fotos que había hecho y regalarles a cada uno un *souvenir* que había escamoteado en algunas tiendas de Noruega, Francia y Austria. También se acercó a llevarles unas golosinas a Dani y Hugo y a darles recuerdos de Jano y Truco, los perros grandotes. Luego volvió a dormir bajo su árbol preferido en el bosque Fles y a correr, correr y correr, de vez en cuando y de cuando en vez también saltar y saltar, soltar algún *pedete* al descuido, roncar arropado por las estrellas y soñar con Luna, la gata montesa más bonita del mundo, bebiendo zumo de piña.

FIN

10. Empacho de gallinas salvajes

Para Aurora, Laura, Julia y Pablo

El día que Harino, el zorro blanco, no salió a asustar a las gallinas salvajes, todos en el bosque Fles se preocuparon un montón. ¡Uf! Como para no preocuparse, Harino llevaba diecisiete años sin faltar un solo día a su cita con las gallinitas salvajes. Los animales decían: "mira, por ahí va el zorro Harino, a asustar a las gallinas", y así era cada mañana, hasta haberse convertido en una fotografía típica del bosque Fles.

Por eso fue que la mañana que nadie vio al zorro, el juez Bernardito mandó a los guardabosques a su choza, a ver si le había pasado algo. Los guardabosques, que no eran otros que Pin y Pon, dos muñequitos de "Famosa" más pequeños que los diminutos y que andaban a saltos porque sus piernas no eran móviles, tardaron en llegar a la casa del zorro más que un hobbit en tirar un anillo de latón a un río, pero llegaron. Allí se encontraron a Harino tirado en el suelo medio muerto y decidieron avisar al médico del bosque Fles. José Antonio, el médico, apareció en un *pispás* junto a David y Manolo, los superconductores de la ambulancia, a la vez que todos los habitantes del bosque se reunían alrededor de la casa del zorro para ver qué pasaba, más por el morbo que produce una situación de esas características que por la preocupación de que algo grave le pasase al zorrito. Josecito – que así lo llamaban los animalitos – hizo un rápido reconocimiento a Harino y le diagnosticó un empacho de gallinas salvajes. "¡Oh!", dijeron todos, "¡un empacho de gallinas salvajes!".

Ahora sí que se preocuparon de verdad.

Resulta que un empacho de gallinas salvajes es una enfermedad realmente contagiosa y mortal y sólo tiene una cura posible: conseguir el perdón de las brujas de las gallinas salvajes. Con todo, Josecito volvió a su clínica mientras David y Manolo hacían sonar la sirena de su ambulancia a toda mecha.

FIN

- ¡Nooooooooooooo! ¿Qué pasó, qué pasó? ¿Qué hicieron las brujas?

- Mañana os lo cuento. Ahora a dormir.

11. Las brujas de las gallinas salvajes

En el capítulo anterior… lean el capítulo anterior, no me sean vaguetes.

Harino, el zorro blanco, seguía muy pachucho. Los animalitos del bosque Fles hacían turnos para cuidarle, todos se habían unido, como si de un incendio del bosque se tratase, ante la desgracia del enfermo. Sin embargo, aún no sabían quién sería el valiente que se atrevería a cruzar la puerta mágica que daba al mundo de las brujas de las gallinas salvajes. Las leyendas sobre las brujas pirujas que se contaban en el bosque Fles eran numerosas y todas acababan en tragedia, siempre. ¿Sería Jacobo, el duende de orejas muy muy puntiagudas?, ¿sería el juez Bernardito, la lechuza blanca?, ¿sería el fantasma de Marinela, la cervatilla boba? Pues no, como nadie se proclamaba voluntario - bueno, nadie no, porque Piti, el gigante valiente, que era muy valiente porque era un gigante, sí que quería ir, pero se había hecho un esguince el día anterior jugando a la petanca y le fue imposible -, decía que como nadie excepto Piti se atrevía, Saturnina, la piraña bermellón, decidió enviar a las ardillas, que al ser tan tontas ni se enterarían del riesgo que corrían y, en caso de que sufriesen un final terrible y nunca regresasen al bosque Fles, nadie las lloraría demasiado. En fin…

Las brujas de las gallinas salvajes eran seis y se llamaban: Carmen, Aurora, Alicia, Cristina, Érika y Laura. Estaban jugando a la comba tan tranquilas cuando, de pronto, se encontraron con dieciocho ardillitas temblando de miedo acercándose por la derecha y haciendo un círculo alrededor de la comba. ¡Qué estampa! Seis brujas hechas y derechas rodeadas por dieciocho ardillas bobas a las que hubieran podido aplastar de tres pisotones por bruja. Una de las ardillas intentó hablar, pero no se la entendía nada, por suerte, las brujas sabían un montón de idiomas y cómo solucionar los problemas del habla y los nervios psicológicos y, entre todas, ayudaron a la ardillita a exponer el problema. El problema no era otro que * y las brujas decidieron ayudar a las ardillas, "son unos bichos tan bobos que no merece la pena comérselos, a ver si nos van a contagiar", habían pensado todas. Total, enviaron a Javier y a Rodrigo, los practicantes del bosque Fles, en la superambulancia de David y Manolo para que curasen a Harino con dos inyecciones mágicas, una por nalga; y así pasó, el zorro blanco se recuperó y ya nunca más faltó a su cita con las gallinas salvajes, aunque, por los efectos secundarios de las inyecciones, ahora eran las gallinas salvajes las que asustaban al zorro blanco, pero bueno.

FIN

- ¿Y las ardillas?
- Las ardillas ¿qué?

- ¿Qué qué pasó con ellas?, ¿fueron las heroínas del bosque por haber salvado a Harino?
- ¡Hum!, sí, podrían haberlo sido, pero como eran tan poco avispadas, no recordaban el camino al bosque Fles y tardaron varios meses en regresar del mundo mágico de las brujas salvajes, así que para cuando volvieron a casa, ya nadie se acordaba de ellas. Venga, ahora a dormir, que es viernes y tengo que irme de parranda.

* *Ya les dije que leyesen el capítulo anterior.*

12. Jano, el perro galleta

El bosque Fles estaba alegre; llevaba casi un año sin quemarse; Sansabadur, el lobo solitario, se había casado y andaba de luna de miel; Conti, la ardilla boba, había aprobado el teórico de conducir (el de fácil compresión, claro). Todo iba bien en el bosque. Los pajaritos cantaban, las nubecitas se levantaban, los cocodrilitos pasaban hambre... Entonces apareció Jano, el perro galleta - las brujas de las gallinas salvajes lo habían convertido en galleta por despertarlas con sus ladridos -; Jano era un perro triste, con los ojos idos, como si soñase todo el día. Como su cuerpo era de galleta, no podía bañarse en el lago y debía evitar a toda costa el agua de las lluvias, así que era un perro con paraguas. Pues bien, resulta que Jano se enamoró de Misa, la gata anaranjada. Todo en ella le atraía, sus bigotes en tirabuzón, su andar gatuno, su sonrisa enmascarada... Y Misa le correspondía, aunque más que amor, lo que ella sentía era gula, pues le pirraban las galletas; cuando Misa veía a Jano se hacía literal el dicho de "está para comérselo". Y así pasó, que una mañana en que el perro galleta se atrevió a pedirle fuego a Misa como medio para comenzar una agradable charla, ésta, tras darle lumbre, se lo comió, no de un bocado, que no era un oso ni un tiburón, sino a bocados pequeños y lametones, como comen los gatos. Cuando no quedó ni una sola miga de Jano, el cigarro encendido cayó al suelo con el consiguiente nuevo incendio del bosque Fles y la consiguiente muerte de Misa, la gata glotona, Conti, la ardilla boba, y Sansabadur y su reciente esposa, que volvían de su luna de miel. **FIN**

- ¡Jajajá, jajajá! ¡Menudos pringados!

- ¡Ya os digo, niños! Ahora a dormir.

13. La cigüeña Fátima para acortar (*incluye aclaraciones para niños*)

Aquella cigüeña se sentía más triste que una cereza verde porque no había tenido hijos. "¡Yo sólo quiero un *cigüeñín*!", se lamentaba; pero su deseo nunca se cumplía. Un día se le ocurrió una idea, "si no puedo tener hijos propios, tendré hijos ajenos", y puso en marcha su plan. La cigüeña planeó y planeó, es decir, que planificó su *modus operandi* y voló hasta lo más alto para luego dejarse caer bailando con el viento, de ahí que planease (de planear, ref. hacer planes o proyectos) y planease (de planear, ref. volar con las alas extendidas e inmóviles) - ¿entendéis, niños? -; pues bien, decía que la cigüeña se dejó caer a través de una chimenea hasta llegar al salón de una casa cualquiera de París - ¿conocéis París?, pues es muy bonito: tiene un río, una torre muy alta, varios museos, plazas, tiendas, cines...

es una ciudad linda y original – y allí agarró un bebé con el pico, pues las cigüeñas, sabréis, no tienen manos como los chimpancés, y se lo llevó volando como un águila, aunque se parecía más a una cigüeña que a un águila, la verdad sea dicha.

En días posteriores, nuestra amiguita, la cigüeña secuestradora de niños (la llamaremos Fátima para acortar), se dedicó a ir de casa en casa y de chalet en chalet recogiendo bebés y más bebés hasta tener ciento uno. Y no, no se hizo un abrigo de piel de bebé, porque no se llamaba Cruela Devil, sino Fátima para acortar, no, nuestra amiga se dedicó a ser mamá. Imaginaos la estampa en el bosque Fles: una mamá primeriza y sin manos con ciento un bebés llorones, dormilones y comilones (como vosotros cuando erais pequeños). Se cansó a los dos días y decidió devolverlos casa por casa y chalet por chalet; sin embargo, dado el hecho de que no había apuntado las direcciones en una agenda, porque, sabréis también, sabiondos, las cigüeñas no llevan abrigo ni camisa ni bolso y, por tanto, no tienen dónde guardarse un agenda, no fue capaz de recordar a qué casa pertenecía cada bebé - tened en cuenta que las cigüeñas no se parecen a los paquidermos y no se puede decir de ellas que tengan memoria de elefante -; así que se dedicó a dejar caer a los niños de casa en casa totalmente al azar, como en un juego de dados en el que se apuesta pasta italiana a la carbonara.

Cuentan que la cigüeña Fátima para acortar se quedó con un bebé al que llamó José, pero todos le decían Pepe. Pepe creció y se convirtió en un joven apuesto (como en los juegos de azar italianos) al que un día le dio por probar el sabor de la carne de cigüeña, pero ésa es otra historia.

En fin, Serafín y demás niños, ahora sabéis de dónde viene el dicho de que las cigüeñas traen a los niños de París, pero no os lo creáis, que es mentira podrida, como los huevos, los huevos podridos, claro... clara, y yema.

14. La no demasiado asombrosa historia del caballo-pelota

Resulta que Alfredo el caballo mecanógrafo pensaba en círculos. Sólo se fijaba en los objetos redondos del bosque Fles y, cuando veía algo cuadrado, como por ejemplo una mesa cuadrada, trazaba a su alrededor una circunferencia imaginaria que rozaba sus cuatro esquinas. Alfredo odiaba los huevos, por elípticos y la Tierra, por achatada.

Era un poco raro este caballo Alfredo.

Como no podía ser de otra manera, cuando llegó el día de su boda, decidió casarse. Su prometida era Melinda, una yegua gorda zampabollos tan redonda y mofletuda que a Alfredo le resultaba irresistible, sobre todo, cuando la observaba comiendo una hamburguesa o una pizza. Fueron unos años muy felices para Alfredo.

Tiempo después enviudó.

Fue entonces cuando decidió hacer su cuerpo lo más redondo posible: compró una sierra eléctrica en la tienda de la esquina (era una tienda de sierras eléctricas) y se cortó una pata delantera y una trasera. Luego fue dando saltitos a las *patas cojas* hasta la tienda de la otra esquina y se compró una guadaña (era una tienda de sierras eléctricas, pero también vendían guadañas, y no como en la otra tienda de la esquina donde sólo vendían sierras eléctricas y piruletas de fresa); con la guadaña se segó las patas que le quedaban, el tronco y el cuello, en ese orden, no me preguntéis cómo, porque no lo sé. Además, para conseguir que su cabeza fuese lo más esférica posible, se fue rodando a una peluquería y se rapó la crin al cero; por último, se arrancó las orejas a mordiscos. Aquello fue lo más complicado, para conseguirlo tuvo que desdoblarse hasta otra dimensión y luego volverse a doblar hasta esta dimensión, donde se vio a sí mismo y se puso a dar mordiscos en las orejas a su otro yo hasta arrancárselas; al principio no conseguía llegar a morderlas, así que comenzó a dar saltos impulsándose con la mandíbula inferior abriendo y cerrando la boca mientras gritaba "¡ahhh!, ¡ahhh!, ¡ahhh!" varias veces, hasta llegar lo suficientemente alto como para atrapar la oreja derecha y ponerse a morderla, después hizo lo propio con la izquierda; una vez terminada la tarea, se plegó como una pajarita de papel para volver a la dimensión real; en fin, todo un lío.

Y así fue como Alfredo consiguió ser apodado el Caballo-pelota, cosa que le hizo realmente feliz, aunque fuese más bien una pelota de rugby. Tres días después le despidieron, ya que con sólo su cabeza no conseguía mecanografiar y como era mecanógrafo... pues eso, que le echaron de una patada a la calle y se fue dando botes hasta hacer canasta en un cubo de basura. Allí murió de asco, porque un jovenzuelo vomitó la noche del viernes al sábado y a Alfredo le dio mucho asco.

Y este cuento, Alonsito, está *finito*.

15. Escapando de los trols

Desdibujar la cordura,

entregado al delirio que me inflama.

César Arroyo. Dulcamara.

Hugo se había perdido en aquel inmenso bosque. Todo allí le daba miedo: el viento moviendo las hojas le parecía el sonido fantasmal de sus perseguidores; confundía el dulce canto de los pájaros con las risotadas de quienes iban tras él; cada crujido de ramas hecho por las ardillas le hacía pensar en los malvados y temidos trols. Seguro que iban a secuestrarle, como había visto en la tele que hicieron con su amigo David, el del gorro rojo; le molerían a palos y babearían la cara con sus asquerosos mocos. Hugo temblaba ante esa idea. Sabía - su amigo David se lo había contado - que los trols estaban todo el día tirándose pedos nauseabundos y eructando como sapos amarillos de ojos saltones. Y eso no era lo peor, sino que después lo meterían en una olla echándole diversas especias por encima y lo cocinarían a fuego lento para darse un festín con su carne dejando sus dos ojos como guindas de un pastel, para el postre.

"¡Hugooo!, ¡Hugooo!", escuchaba todo el rato, sabían su nombre y estaban cada vez más cerca, ya casi no le quedaban fuerzas para correr, pero ¿qué otra cosa podía hacer?, él no era fuerte como su amigo David, no se veía capaz de enfrentarse a los bandidos trols armados con sus porras gigantes, si lo hiciese, le llenarían de chichones y moratones; debía seguir corriendo hasta encontrar la casa de Valentina y Ricardo para salvar su vida. ¡Ay, Valentina!, ella cuidaría de él, con su voz calmada y esas galletas con trocitos de chocolate que le daba a escondidas; y Ricardo, aquel cuarentón inquieto que siempre andaba de acá para allá, coleccionando fotografías de sus viajes que luego enseñaba a Valentina y a Hugo como si cada una de ellas constituyese el mayor de los tesoros. ¿Estarían buscándole?, ¿sabrían del peligro que ahora mismo corría?, los trols acechaban sin cesar en su empeño. Sed. Hugo sentía la boca pastosa, como si estuviese llena de arena de desierto que le quemaba la lengua; pero debía seguir, no podía parar si no quería que los trols se limpiasen los dientes con sus huesos.

"¡Hugooo, Hugooo!", escuchaba la llamada de los trols. Sentía su fétido aliento en la nuca y hasta detrás de las orejas, ya no le quedaban fuerzas. De repente, sintió un fuerte tirón que le paró en seco; atrapado, giró la cabeza muerto de espanto, su cara tenía el color de la de un mimo, y comprobó - ¡menos mal! - que no era un trol lo que le agarraba, sino una rama enganchada fuertemente en su ropa; intentó deshacerse de ella, pero fue inútil, así que optó por desabrochar su camisón y seguir su huída desnudo por aquel terrible bosque. No iba desnudo del todo, tapaban sus pies un par de zapatillas de estar en casa y cubría su cabeza un gorro blanco cuya punta no se alzaba como la del gorro rojo de David, sino que caía hasta los hombros terminando en una pequeña borla. ¿Y si alguien le veía con esas pintas? Daba igual, lo único importante era que los trols no le diesen alcance. Además, al perder la ropa, parecía como si el cuerpo le pesase menos, ahora corría más deprisa, a pesar del enorme esfuerzo y de que el cansancio se agigantaba por segundos.

Hugo cruzó medio bosque, o eso le había parecido, y aún así, le daba la impresión de que siempre pasaba por el mismo sitio, los troncos de los árboles se le hacían idénticos unos a otros. "Debo de estar corriendo en círculo", pensó, aunque le tranquilizó el hecho de que los trols estaban haciendo lo mismo, ¡je!, si le hubiesen esperado sentados en el lugar en que le vieron, seguro que ya le habrían cazado. Ese torrente de ideas estaba de más, ya que Hugo estaba hecho polvo de tanto correr, se sentía derrotado y no se veía capaz de dar un paso más, le gustaría ser siete veces más fuerte y muy veloz, pero no era así. Se dejó caer bajo un árbol, apoyando la espalda en su tronco, con la cabeza escondida en las rodillas. Los trols cenarían bien a gusto esa noche. No había escape. De nuevo escuchó: "¡Hugooo, Hugooo!" y varios pasos que se acercaban hasta él. Cuando levantó la vista esperando recibir un buen porrazo de alguno de los trols, cuál no sería su sorpresa a comprobar que sus perseguidores no eran otros que Valentina y Ricardo: "¡al fin te encontramos, nos tenías preocupados, papá!".

Hugo recibió dos enormes abrazos llenos de cariño antes de volver con su hijo y su nuera a casa. Ricardo y Valentina le pusieron un nuevo camisón, lo metieron en la cama, lo arroparon y le dieron dos besos en la frente; luego, fueron hasta su cuarto y volvieron a acostarse; sólo faltaban dos horas para que amaneciese en el bosque Fles.

16. La brújula del Norte

Piru, el lirón, se compró una brújula que no señalaba al Norte. "Está rota", pensó; pero no era así, sino que resultó ser una brújula mágica que indicaba el camino a la frutería más cercana. Así que volvió a su casa del bosque Fles con dos kilos de naranjas y se puso a exprimirlas, porque eran naranjas de las de zumo (zumo de naranja, claro, no de limón, ni de manzana). Después llenó medio vaso de azúcar, echó por encima unas gotas de zumo (zumo de naranja, claro, no de limón, ni de manzana), para darle color al azúcar, y se lo comió a cucharadas.

Lo que son las cosas: lo que podría haber llegado a ser un precioso cuento de *brújulas* y *hádulas* para contar a los niños antes de dormir, se convirtió en un postre casero extremadamente dulzón.

17. Escritor en la madrugada

Hay un cigarro fumándose dos labios, dos lunares que saltan en una piel, tres *olivettis* peleando por la única eñe que subsistió. Anochece. Hay dos paraguas, mil gotas llorando en los tejados. Caminas rutinario sin pensar a dónde vas, automatizas los sueños por tus pies. Chocas, ¡pam!, un rostro nuevo en el que reconoces tus propias ojeras; "perdón"; "perdonado"; despacho, libros y manuscritos. Mil historias inconclusas bailan merengue en la discoteca de tu cabeza hasta que deciden salir por tus manos para tomarse un descanso, o para intentar ligarse a la más guapa, en una hoja de papel…

Mientras, los protagonistas más chulos se lían un cigarrito con otra hoja de papel; las protagonistas van en parejas al servicio para hablar de los ojazos de no sé quién y ver la hora a la que pasa el último autobús; muchos extras siguen bailando en el bosque Fles, muchos otros pidiendo *cocacolas* mezcladas con almíbar vestido de noche; hay luces que no duermen nunca de doce a seis y el sol disfrazado de plata, redondo como una bola de queso de bola, como una moneda en un cara o cruz, como un círculo polar en el Caribe… Hay un cigarro fumándose dos labios…

18. Patas de gallo

- Cuéntanos el del gallo Kikiro, *porfa.*

- ¿El del gallo Kikiro?, ¿otra vez?

- ¡Siiiiiiiiiiiií!

- ¿Con el final bueno o con el final malo?

- ¡Con el bueno, con el bueno!

- ¡Ufff!, en fin... Ahí va...

¡POBRE GALLO KIKIRO!

Era tan madrugador él... Cada mañana, al salir el sol, el gallo Kikiro despertaba a todos los animalitos del bosque Fles con su dulce canto:

¡KIKIRIKIIIIIIIIIIIÍ!

¡Kikirikí!, ¡ains!, así los despertaba, aunque a veces le daba el punto y lo que cantaba era Shakira, contoneando todas sus plumas. Había que verle, el gallo Kikiro, a sus treinta y nueve años de edad, bailoteando a lo Shakira.

¡POBRE GALLO KIKIRO!

Pero llegó una mañana en que no despertó a nadie, su canto no se escuchó en el bosque Fles, se había ido de paseo a Toronto y no le dio tiempo a volver antes de que saliese el sol. Pero bueno, así era él, todo un aventurero. De camino a Toronto se encontró con una autoestopista asesina, la subió a sus lomos y la llevó hasta un motel. Allí... bueno... creo que la invitó a cenar un sándwich mixto. Ella quedó conmovida por la amabilidad de Kikiro y por sus ojitos de querubín y decidió dejar su vida de autoestopista. Siguió asesinando, eso sí, pero ahora, mientras disparaba a diestro y siniestro, además conducía una Harley.

¡POBRE GALLO KIKIRO!

Ya en Toronto, por lo visto, el gallo Kikiro hizo nuevos amigos, luego los deshizo y se volvió para casa. Los animalitos del bosque Fles seguían durmiendo apaciblemente cuando oyeron un fuerte: ¡KIKIRIKIIIIIIÍ!

Así que, con lágrimas en los ojos por el hijo pródigo, se vieron obligados a cogerle por el cuello y meterlo en el horno para que les dejase dormir, con una pizca de limón, ¡je!, sólo dejaron las patas.

¡POBRE GALLO KIKIRO PUÑETERO!

FIN

- ¡Biennnnnnnnnnnn! ¡Otra vez, otra vez!

- No no no, ahora a dormir, que si no mañana querréis comer alitas de pollo, y ya he puesto las lentejas en remojo.

- ZZZzzz...

19. Cancervecero

Cancervecero era un perro con tres barrigas. Cuidaba celosamente las puertas de la bodega del tío Manué. Manué tenía la mejor cebada y la mejor fórmula secreta para hacer la mejor cerveza, todos en el bosque Fles lo sabían y todos la deseaban, pero el miedo que desataba Cancervecero en las almas de los mortales era tal que jamás nadie se atrevió a robar ni la cebada ni la fórmula secreta para la cerveza divina del tío Manué.

Pasaron los años y Cancervecero quedó ciego, es decir, además de seguir estando ciego de cerveza, también se quedó ciego de ver, de ver y de los ojos. Y, claro, una noche que el tío Manué se acercó a por un poco de cebada para hacer su riquísima cerveza, Cáncer, que así lo llamaba tío Manué cariñosamente, le arreó un bocado de aquí te espero comiendo un huevo con pan y limón y si vuelves me zampo hasta tu corazón. Tío Manué, que no tenía dos pelos de tonto, no volvió, amaba mucho su corazón para arriesgarse a que Cáncer le dejase sin él, así que se fue, cogió sus cosas y se puso a navegar, navegar, y descubrió las tormentas marinas en su velero, y los tifones, y murió embestido por una ola gigante, gigante y la mar de grande.

Fue una pena lo del tío Manué, en especial para sus sobrinos, que decían: "¿dónde está el tío?, ¿dónde está el tío?", mientras lloriqueaban sin cesar - es que eran muy pequeñitos los sobrinos. Pero más pena les dio a todos lo de la cerveza mágica, cuya fórmula secreta se hundió junto al *pringao* de Manué y les dejó a todos con la boca seca y teniendo que beber cerveza embotellada, ¡puag!, en lugar de la maravillosa cervecita fría del tío Manué. "¿Y Cancervecero?, ¿qué pasó con Cancervecero?", os preguntaréis, pues lo frieron a tiros; a él y a sus tres barrigas, por cegato y por gato, digo perro.

Cuentito finito

20. Cacería lunera

Un globo, dos globos, tres globos... la luna es un globo que se me escapó. Y me fui a buscarla al bosque Fles. Organicé una persecución con perros, policías, voluntarios de protección civil y hasta un grupo de ingleses se apuntaron animados con la idea de pillar por el camino algún zorro. También había focos, enormes, para iluminar por la noche, pues la luna es como los vampiros, sólo sale de noche y por el día descansa en un ataúd redondo de espuma, acolchadito, acolchadito. Los focos sólo nos sirvieron para que se uniese a la cacería Batman, el loco ése que se cree que todos los días son carnaval.

A las dos semanas de búsqueda, encontramos un número de teléfono escrito con carmín en una servilleta. Llamamos ansiosos para localizar a la luna vía gps, pero no hubo manera, pues la única que contestó fue una gorda; vamos, gorda de voz se entiende, que no la vimos físicamente, pero la oíamos masticar donuts. Pero ahí no acabó la cosa, pues, mientras tomábamos un té soso junto a los ingleses, a uno de éstos se le ocurrió ir a la cafetería de donde provenía la servilleta: "Lilis"; y allá que fuimos, con antorchas y palos, palos muy largos. En el bar "Lilis" sólo estaba Lilis, la pantera camarera, engullendo rosquillas a mansalva - supusimos que ella era la gorda del teléfono, aunque al único que se le ocurrió preguntar fue a uno de los tunos, digo a uno de los de protección civil, y la tiparraca le arrancó una mano de un bocado; así que el resto preferimos quedarnos con la duda. Bien, digo que allí sólo estaba la rellenita y diez o doce liliputienses que no sabían nada de la luna y que tenían encerrado a Gulliver en el almacén de la derecha (en el de la izquierda había una banda de perros jugando al póker y un artista loco pintando la extraña estampa). Así que nos marchamos de allí cabizbajos y sin luna lunera cascabelera.

Después de aquello, el grupo de cacería estaba tan chafado que decidimos disolvernos como azucarillos en el café y dispersarnos como mi amigo Emilio, que siempre anda disperso. Los ingleses se fueron a Australia a ver si ponían de moda las cacerías de canguros; y del resto no volví a tener noticia, excepto de uno de los perros de caza que se vino conmigo y al que llamé *Simondice*, y no fue un nombre afortunado, la verdad, porque cuando le ordeno algo, por ejemplo: "*Simondice*, siéntate", me tengo que sentar; o cuando le digo: "*Simondice*, haz una caquita", pues, ¡hala!, a hacer una caquita. Así que casi no le doy órdenes y por eso me torea como quiere, el chucho.

Dos años después de todo esto, ocurrió algo inenarrable.

Y cinco meses más tarde, ocurrió algo inesperado. La luna volvió a su redil para nunca más escapar. Para entonces, nos importó un pimiento a todos, ya que como no podíamos vivir sin mareas, ni hombres-lobo ni esas cosas, ya habíamos puesto en lo alto del cielo, por la noche, a una sustituta de la luna, que no era otra que la gorda de Lilis, la pantera camarera, inflada a base darle rosquillas de helio, que, por cierto, simulaba la mar de bien a la luna llena, pero llena, llena, llena y rellena.

FIN

- ¿Y qué hizo entonces la luna lunera cascabelera, papá?

- Pues como era una bola de queso, se la comieron los ratones, supongo.

- ¡Hum!, queso…

- Eso, y ahora… a dormir.

21. Sobre los cíclopes

1. Los cíclopes en la biblioteca

Ver a un cíclope pasear entre las estanterías de una biblioteca observando los lomos y tomos de mil aventuras y pensamientos con una leve capa de polvo que el paso del tiempo va dejando de manera otoñal no es tarea fácil, más que nada, porque los cíclopes no salen a la calle sin su ojo de pega.

2. El ojo de pega de los cíclopes

Desde que a un tal Odiseo se le ocurriese la maléfica idea de quemar el ojo a Polifemo, uno de los muchos cíclopes que iban de veraneo a Sicilia, y dejarle tuerto – cosa que en lenguaje *ciclopédico* es tanto como quedarse ciego; el consejo de sabios de los cíclopes decidió por mayoría (cinco votos contra dos) que había que crear una tapadera para los suyos, un disfraz, una máscara, con el fin de sobrevivir en un mundo de humanos binoculares. Así nació el primer prototipo del ojo de pega, compuesto de hojas secas recogidas de la ribera del río Acis, cerca del bosque Fles. Sin embargo, tuvieron que pasar muchos años hasta que el ojo de pega llegó a dar totalmente el pego, momento en el que los cíclopes pudieron salir de sus cuevas y deambular entre los humanos como tales.

3. El baloncesto y los cíclopes

Una vez se hubo inventado el baloncesto en la YMCA, muchos cíclopes, dada la gran estatura de su especie, optaron por practicar este deporte, primero como juego, más tarde, como fuente de ingresos. Si bien pueden contarse varios cíclopes entre las grandes estrellas de la NBA, nunca han llegado a ser los mejores, ya que el cíclope es, por naturaleza, algo torpe. Ocurre, además, que el baloncesto es un deporte de contacto físico y los cíclopes deben tener mucho cuidado en que no les golpeen su ojo de pega y queden al descubierto.

Por descontado, podemos considerar un hecho que un jugador de baloncesto con gafas protectoras es cíclope.

4. Los cíclopes y los gamusinos

Los cíclopes son los únicos seres de este planeta que pueden ver a los gamusinos. Generalmente, los localizan por ese olor tan característico que ningún humano ha olido jamás. Dado que los gamusinos se saben indefensos ante los cíclopes, hace años que optaron por servirles a fin de que éstos no los devorasen y llevasen a la extinción. De todo lo que los gamusinos pueden hacer, lo que más les gusta a los cíclopes es que les abaniquen el ojo, pues ya se sabe que el ojo *ciclopédico* es bastante irritable a la sequedad del ambiente, y el aire les favorece.

5. Los cíclopes y el llanto

Muchos de aquellos hombres que lloran a escondidas, no son hombres, sino cíclopes. La razón no es la vergüenza o timidez, sino sus lágrimas. El cíclope, cuando llora por amor, llora lágrimas de sangre.

6. El último cíclope

Una vez por lustro, todos los cíclopes se reúnen para celebrar una fiesta en casa del jefe Juanjo. Juanjo es considerado jefe por ser un cíclope ciego -ya se sabe que en el país de los cíclopes el ciego es el que menos ve; mientras van entrando a su casa más y más cíclopes, él prepara bocadillos de jamón serrano y albóndigas en salsa de cebolla para todos. El último cíclope en llegar siempre es Mateo.

7. Los niños, los borrachos y los cíclopes

Los niños y los borrachos pueden distinguir a los cíclopes de los humanos y, como siempre dicen la verdad cuando les hacen una pregunta, puede llegar el día en que descubran al mundo a los seres con ojo de pega.

Por suerte, hasta ahora, a nadie se le ha ocurrido preguntarle a un niño ni a un borracho si ha visto un cíclope.

22. Éste no es un cuento alegre

Yo tenía una chica;

era una chica muy buena;

pero jugador de chica, perdedor de mus;

y la perdí.

Javier Lázaro

Éste no es un cuento alegre. Para nada. No es de esos cuentos que hacen “de reír”. Si acaso, hace “de reír” por no llorar, pero poco más.

Yo tuve un ciempiés, pero nunca conseguí contar todas sus patas; a lo más que llegué fue a veintinueve, porque los golpes en la puerta de mi perro, que estaba fuera y quería entrar, me trababan las cuentas. Un fin de semana que me fui a hacer senderismo por el bosque Fles, Piescién, que así se llamaba el bicho patudo, desapareció; algunas noches me parece escuchar sus pasos por el dormitorio, trotando, trotando.

Éste no es un cuento alegre; aunque tampoco es una historia triste como tal. Si lo fuese, quizás aparecerían Esperanza y Soledad; pero como no lo es, sólo aparece Dolores, que ya ha crecido y no necesita niñera. Dolores está gorda.

El otro día, seguí el camino que lleva a la montaña más alta del bosque Fles, giré ciento ochenta grados, conté doce pasos y tres saltos, pero como no tenía pala, no pude desenterrar ningún tesoro. ¡Maldita sea!

Éste no es un cuento alegre. No es un cuento que pueda escribirse mientras horneas un bizcocho de chocolate, porque te quedará como una piedra y eso no es bueno para los dientes, porque duele.

Éste no es, aunque a ratos lo parezca, un cuento triste. En él no aparecen niños llorones, ni niñas lloricas, ni tiburones, porque el bosque Fles no tiene mar, sólo río, y a los escualos no les gusta el agua dulce.

Como decía, Dolores está gorda; mucho. Se zampa su comida y la de Esperanza. Antes la llamaban Lola, pero ya no.

Los animales del bosque tocan country las noches de luna nueva; las marmotas cuchichean y cuchichean mientras vigilan sus troncos; los conejos se esconden en sus madrigueras soñando con un sombrero de copa; y las ardillas… bueno, a quién le importa.

Éste no es un cuento alegre; y su final es extraño.

23. Dos cuentos

Había una vez que nació gemela. Y fueron dos veces muy parecidas y, a la vez, tan diferentes que, al final de sus días, una comió perdices y la otra una hamburguesa de soja en un restaurante vegetariano.

24. Un bombero en el bosque Fles

Un día Joselito el hurón bombero, yendo al bosque Fles a apagar un incendio cualquiera, se topó con un caracol. El caracol le dijo: "Joselito, Joselito, el fuego es uno de los cuatro elementos, así que no me seas elemento y no gastes el fuego". Pero Joselito siguió su camino en busca de un incendio que apagar. ¡De pronto, dio con sus pies en un hormiguero! La hormiga madre le dijo: "Joselito, el agua es uno de los cuatro elementos, así que no me seas elemento y no gastes el agua". Pero Joselito siguió su camino en busca de un incendio cualquiera, para apagarlo. ¡De repente - tico tico tico tico -, oyó un ruido extraño! Era un pájaro carpintero que le dijo: "Joselito, Joselito, la tierra es uno de los cuatro elementos, debe renovarse para florecer, así que no me seas elemento y no guardes la tierra gastada". Pero Joselito siguió su camino en busca de un fuego que apagar con agua para salvar la tierra gastada. Y así pasó, que el aire (el cuarto de los cuatro elementos) no pudo propagar su fuego por todo el bosque Fles, ya que el imbécil de Joselito se dedicó a apagar todos los fuegos que el aire intentaba extender. Luego Joselito se fue a casa a dormir, tan tranquilo.

Pero ahí no acaba la cosa. Los tres animales a los que Joselito no había hecho ni caso se unieron, formaron un clan asesino, y aún hoy, en las noches de focos del campo de fútbol encendidos, se puede ver a un caracol, una hormiga y un pájaro carpintero hablando en círculo, planeando la mejor de las maneras de asesinar al lelo de Joselito, quizás ahogándole, quizás quemándole en la hoguera, quizás enterrándole vivo, quizás haciéndole volar contra las rocas…

- Uf, ya se han dormido… ¡menos mal!, me estaba quedando sin historia…

- ¿Pero qué pasó, Gonzalo, cómo mataron el bombero idiota?

- Cuando tengas cinco años te lo contaré antes de dormir.

FIN

25. El juez Bernardito

El juez Bernardito era una lechuza blanca con un precioso mechón dorado, pero, como vestía con toga, solían confundirle con un cuervo o una urraca. "¡Largo de aquí cuervo inmundo y tonto!", le gritaban algunos días, y "¡vete a otro lado, urraca Paca, vete a otra parte a hacer caca!", también había escuchado más de cien veces. Sin embargo, el juez Bernardito ni se inmutaba, se quedaba callado con sus dos ojos como platos soperos observando al animalito que, confundiéndole con un oscuro ser, le insultaba sin compasión. Y se quedaba con su cara. Eso es lo único que hizo en sus años de adolescente, época en que la toga que llevaba no era la de juez, sino que vestía con su toga de mago, igual que su héroe, Harry Potter; en esos años, los insultos a Bernardito por parecerse a un cuervo o a una urraca iban *in crescendo*, cada día más y más insultos y burlas... pero sigamos con su historia.

El juez Bernardito fue compañero de clase de Jacobo, el duende con orejas muy puntiagudas que siempre quiso ser actor. Ambos estudiaron Derecho, aunque Bernardito lo hizo a conciencia, "como es de ley", decía. Pronto, y no sin mucho esfuerzo, su mente se convirtió en una enciclopedia del Derecho; Bernardito conocía la Ley como el panadero la miga o como Marinela, la cervatilla saltarina, los saltos; una y otra vez apoyó sus dos codos sobre el pupitre y una y otra vez realizó los exámenes más perfectos que se han visto en la Universidad del bosque Fles, y así, sin pausas y sin prisas, pasando durante sus años de estudiante las noches en vela, la lechuza Bernardito consiguió llegar a ser el juez del bosque Fles. Ninguna lechuza antes lo había conseguido, pues, aunque en la antigüedad los griegos coronaron a la lechuza como el símbolo de su Diosa de la

Sabiduría, en realidad la lechuza común (*tyto alba*) es un bicho bastante bobalicón. Nuestro amigo Bernardito tampoco es que fuese muy inteligente, pero era frío, calculador y muy muy muy vengativo. Pasó toda su infancia deseando ser león, para merendarse a los que se burlaban de él, pero al ver que el cuento del Patito feo era sólo un cuento, decidió hacerse Juez, y verdugo. Una vez lo consiguió, envió al paredón a todos los animalitos del bosque Fles cuya cara tenía grabada en la memoria por haberse reído de él alguna vez; también condenó a siete años de prisión al Saliva, la ardilla (muy a su pesar, pues Bernardito había sido el juez del matrimonio del Saliva con Diadema), por un escupitajo con que éste le había alcanzado en toda la coronilla.

En fin, gracias al juez Bernardito, el bosque Fles se convirtió en un lugar más tranquilo, excepto la cárcel que, desde que la lechuza es juez, tiene *overbooking*, pero ya no son horas de hablaros de cárceles, túneles o animalitos que se fugan para irse a cazar al juez que les condenó injustamente. Así que, ¡a dormir se ha dicho!

- Zzzzzzz...

26. El octavo incendio del bosque Fles

El bosque Fles se incendió muchas veces, mogollón, pero, sin lugar a dudas, el octavo incendio que sufrió fue el peor de todos. Tras él, no quedaron ni los huesos de Marinela, la cervatilla saltarina.

Allá por el año del Cangrejo enano, más o menos, Dani apareció por el bosque Fles. Dani era un niño de dos años que había salido con sus padres al campo a comer paella un domingo cualquiera; como quiera que fuese, el caso es que aquel domingo hizo un calor de los que derriten la forja del herrero y prenden las cucharas de palo de las brujas pirujas. Dani, quien aunque pequeño era muy espabilado, se escabulló por entre las piernas de los mayores y se fue al río a darse un chapuzón, pero claro, los nanos de dos años no son buenos nadadores olímpicos, y pasó lo que tenía que pasar: la corriente que atrapa en sus fauces al incauto, los gritos de los mayores pidiendo auxilio, papá Rafa que se tira al agua vestido para salvar a su retoño, un hada-sirena que aparece con un fogonazo mágico, le limpia los mocos al peque con un *cleenex* y desaparece pensando que es la más chachi del mundo, el cocodrilo dando vueltas alrededor del niño creyendo que cenará filetes tiernos... y la salvación: Saturnina, la piraña bermellón, que andaba por allí y no tenía otra cosa mejor que hacer que salvar al pequeño humano y llevarle en brazos (en aletas) hasta el bosque Fles. Lo normal en estos casos.

Luego, los pensamientos del pequeño: que si qué bosquecito más frondoso, que si qué florecillas más saladas, que si qué ardillitas más bobas y muchas más cosas en diminutivo. En cinco minutos, Dani deseaba volver a casa con sus papis y sus juguetes y llegar a tiempo para ver Los Lunnis; y como no se le ocurrió otra cosa, sacó de su bolsillo el mechero que le había escamoteado a tito Gonza - esto es, a mí - y prendió fuego a diestro, siniestro y ambidiestro hasta que no quedó ni un árbol sin arder y pudo divisar el camino a casa. En casa todos se abrazaron contentos y felices, parecía el final de un capítulo de cualquier teleserie; sin embargo, en el bosque Fles los supervivientes lloraban desconsolados, parecía la mitad de un capítulo de cualquier teleserie. Entonces Saturnina, la piraña bermellón fue a pedir ayuda a Rafa y éste, que era más majo que las pesetas y los céntimos de euro, se fue con sus herramientas a pasar dos días en el bosque Fles dando a todos los animalitos sesiones dobles de bricolaje, con lo que, tras pasar por la ferretería más cercana, todos pudieron arreglarse sus ahumadas casitas, chalets y madrigueras. Desde entonces, cada año, los animalitos invitan a Rafa, Gema, Dani, Alberto y David al bosque Fles a comer champiñones, eso sí, antes de que el nano ponga un pie en el bosque, lo registran para ver que no lleve ningún mechero. **FIN**

- Papi, ¿de verdad que todos los animalitos volvieron a construirse sus casas?

- Siiiiiií... Bueno, casi todos. Las ardillas, que ya sabéis que a las pobres les faltan dos veranos, suspendieron el curso de bricolaje de Rafa y tuvieron que emigrar al lado oscuro del bosque, pero ésa es otra historia. A dormir.

27. Como las vidas de un gato

Desconozco el invierno de tu nombre.

Mª José Sierra

Había una vez un circo que tenía una carpa grande grande y redonda redonda como un globo que se me escapó y se convirtió en la luna. Sí, esa bola de queso de estrellas que el Gato con botas intentó comerse de un bocado trepando por una escalera infinita al grito de "marramamiau miau miau" y se cayó y perdió la vida. Al pobre misino lo llevaban a enterrar por la calle del Pescado y resucitó cuando conoció a un atún calvo, sin pelos ni escamas. Se hicieron muy amigos para toda la eternidad. Bueno, realmente fue para toda la eternidad del atún, que el Gato con botas se lo zampó, que ser un muerto viviente da mucha hambre, y el atuncito se fue a la eternidad oscura. No vio ningún pasillo ni cueva marina con una luz al final del túnel, seguramente la bombilla estaba fundida y don Pablo de Aguilar no se había molestado en cambiarla. Lógico: don Pablo andaba charlando con Cerro sobre su mutua preocupación por haber perdido a su gran amigo para toda la vida y para todas las cañas que era don Carlos. Don Carlos era una persona con corazón grande, muy grande, tan grande como su cabezonería. La única que conseguía *descabezonearle* era Patricia. Patricia no llevaba el "doña" delante, aunque quizás debería llevar el "santa", ya que por cómo hablaba don Carlos de ella y por cómo la miraba, seguro que había sido canonizada varias veces en sus otras vidas.

Las otras vidas del Gato con botas fueron aburridas, tan aburridas que no os las voy a contar, tan aburridas como el final del cuento de Cenicienta, que siempre termina igual: jamás muere el príncipe asesinado; jamás las hermanastras se hacen la cirugía estética; jamás aparecen todos en el país de Nunca Jamás.

Peter Pan comía pan de molde.

Los picos de las mesas son más útiles de lo que se puede llegar a pensar.

El caracol no come coles de Bruselas y está cansado de sacar los cuernos al sol para que todo el mundo sepa de los devaneos de la señora caracola con el lechero.

El lechero se hizo millonario en sus sueños y se estampó contra el suelo por no ver al caracol.

Peter Pan aprovechó la caída del lechero para pillar un par de *tetrabricks* de leche Pascual con calcio y *tippex*.

El *tippex* borró las huellas de las botas que el Gato dejó al pisar el pico de la mesa.

Cenicienta se casó con el caracol mutilado, Carlos se tomó más de diez cañas junto a sus amigos Pablo y Cerro mientras leían poemas de *Al Sur de las Palabras*, de María José Sierra.

Todos fueron felices a veces y desdichados a veces.

Las perdices en salsa están riquísimas, casi tanto como la carne tártara.

FIN

28. Como una ostra

Hola niños, queridos, estimados, apreciados y tú, lector:

No debéis salir de juerga los viernes por la noche y tenéis que madrugar los sábados y los domingos. Además, es importante que pongáis vuestras mejores sonrisas los viernes, los sábados y los domingos a vuestros padres.

Aparte de eso, quería contaros que me aburro como una ostra. Tanto me aburro como una ostra que hace un par de días me secuestraron unos camareros y me sirvieron en bandeja de plata en una ostrería gallega. ¡Y los comensales intentaron comerme vivo! Ya sé que parece de cuento, pero es cierto, lo juro. Como no podían levantarme, pues mi peso es algo superior al de una ostra (es, incluso, superior al de tres ostras), pues me agarraron entre cinco (lo sé porque los conté con todos los dedos de mi mano menos uno). Me subieron sobre sus cabezas, me bajaron hasta sus bocas y mordieron. ¡Ay! ¡Qué bocados me dieron! ¡Menudos tontorrones!, mira que confundirme con una ostra. La ostra mayor, decían. Me salvó la campana, la campana de incendios, que alguien se había dejado un cigarro encendido encima del pelo de una señora teñida y no veáis cómo ardía el bosque Fles. Salí corriendo. "¡Una ostra que corre!", escuché mientras salía por la puerta.

En fin, cuando llegué a casa y se me pasó el susto, abrí una lata de sardinas en aceite y, con un palillo, fui comiéndomelas una a una pensando que eran los cinco comensales (ya sabéis, cosas del vudú), pero como en la lata había seis sardinas, pues con la última me imaginé que me comía a Pincho, la ardilla, que, al ser pequeño y bajito, no me indigestaría demasiado (estaba rico, aunque algo insulso).

Hoy ha venido a verme Luisa, la hermana de Pincho, con un tirachinas enorme en la mano. Que a ver dónde andaba su hermano, que qué le había hecho, que me iba a enviar de un puñetazo a una ostrería para que me comiesen como si fuese una miserable ostra... Le he dicho la verdad, que me había comido a su hermano como si fuese una sardina. Y se ha marchado tan contenta, "menudo patán es mi hermano, se lo tiene merecido por bobo".

En fin, niños queridos, estimados, apreciados y tú, lector, espero que hayáis pasado un gran fin de semana y hayáis sonreído a vuestros padres. Yo me he comprado una camiseta que dice: "No soy una ostra", a ver si así ya no vuelven a intentar comerme.

Lo peor de todo esto es que luego le cuentas a la gente lo que te ha pasado y no se lo creen, te dicen que les estás contando un cuento... Allá ellos incrédulos, pan para hoy y sonrisas a los papás.

29. Insomnio canino

Truco (perro1) - *Señog Veteguinaguio*, no nos vacune de la *gavia*, que nos quita la mala baba.

Sr. Veterinario - Pero, Truco, siempre puedes ponerte de mala leche viendo a un estúpido refutar a Kant.

Jano (perro2) - ¿A Kant?, ¿es capaz alguien de refutarle?

Sr. Veterinario - No, pero hay quien lo intenta encarecidamente.

Truco - Pues vacune, vacune; que luego vamos a *pasag* el día en el campo y hoy tengo ganas de *echagme* unas *caguegas*.

Sr. Veterinario - ¿Hoy? ¿Y qué día no te apetece correr, Truquito?

Truco - También es *vegdad*; nací *depogtista* y *depogtista segué*.

Jano - Pues yo siempre he sido más de Sócrates: sólo estoy seguro de mi propia ignorancia y esas cosas.

Sr. Veterinario - Claro, Jano, si hasta tienes perfil griego.

Jano - Sí, pero nombre romano.

Truco - ¡*Ezo, ezo, gomano*!

Sr. Veterinario - Pues, Jano, creo que deberías leer algo de Badiou o de Rancière. Quizás te sorprendan.

Jano - Anda, dame una galletita de ésas tan ricas y calla.

Truco - ¡*Ezo, ezo*, galletica *gica gica*!

Y salieron de la consulta del Veterinario con una galleta en forma de hueso con sabor a menta; un pisete en cada arbolito, por marcar; un ladrido a un motorista (Truco no soportaba a los humanos con casco, no podía verles los ojos y eso le daba miedo); un salto al coche de papá y a echar una pequeña siesta en el maletero; de ahí al pinar, a correr y saltar a lo Heidi y luego a casita a dormir.

Pero Jano no podía dormir; tumbado a todo lo largo de su sofá preferido (preferido por su dueño, que no le dejaba usar el más cómodo y bonito), Jano no paraba de darle vueltas a esos nombres que le había dicho el veterinario. Así que se levantó y pidió algunos libros a través de internet, más de veinte, como lo pagaría su dueño…

Y leyó, leyó y leyó… pero no conseguía ver nada que se acercase a Sócrates, la verdad. Sócrates era el maestro de los maestros y poco podían hacer aquellos nuevos filósofos o historiadores. Así que salió al jardín, echó una buena cacota, volvió a su sofá y se durmió pensando en la dulce Eulalia, la caniche más hermosa del mundo.

- ¿Y qué pasó con la dulce Eulalia, papá?

- Pues nada, que tenía un nombre… no demasiado bonito. ¡Ale! Ahora a dormir.

FIN

30. El mismo de ayer

Salir hasta las ocho de la tarde, la hora más bonita del día, en la que te entra el sueño, porque es la hora de soñar.

No tener la *play* en casa, ni la uno ni la dos ni la tres, y bajar al patio a jugar a las canicas en Marte y a las peonzas de madera.

Lanzar aviones de papel desde la terraza hasta dejar el suelo de la calle lleno de una capa de nieve.

No conocer el sentido del dinero, ver las monedas de chocolate como las únicas que merecen la pena.

Aprender a atarme los zapatos como si los cordones fuesen las alas de una mariposa.

Llorar a moco tendido como si se acabase el mundo porque la pelota se había pinchado.

Saber que cualquier herida puede curarse con una tirita o con un poco de *mercromina.*

Desear con todas mis fuerzas estar acurrucado bajo la manta mientras escucho el cuento de antes de dormir. ¿Otra vez el mismo de ayer? Sí, y mañana también, por favor.

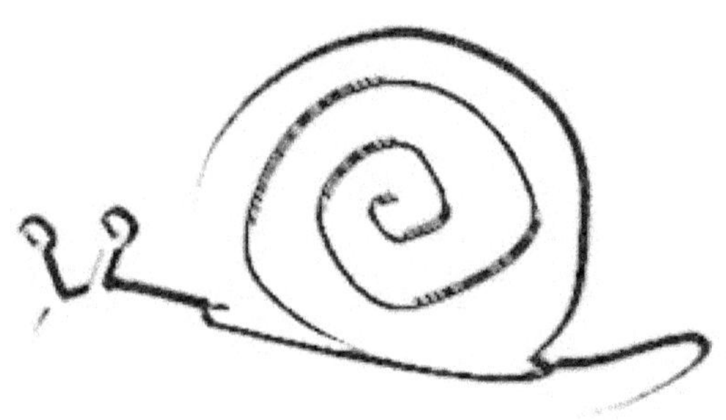

www.ingramcontent.com/pod-product-compliance
Ingram Content Group UK Ltd.
Pitfield, Milton Keynes, MK11 3LW, UK
UKHW021642190726
13853UKWH00001B/2

9 788461 666713